LE SOLEIL

nous appartiendra à tous

AF235935

Manifeste

Nouvel Ordre Mondial

Le nouveau modèle social de vie

Mehmet Kılıç

**La traduction de l'allemand en français est due
à Albert Salingue**

Je remercie très sincèrement mon amie Elvira Salingue-Deobald et mon ami Albert Salingue pour leur précieux soutien linguistique.

LE SOLEIL

nous appartiendra à tous

Manifeste

Nouvel Ordre Mondial

Le nouveau modèle social de vie

Mehmet Kılıç

**La traduction de l´allemand en français est due
à Albert Salingue**

Mehmet Kılıç

Le soleil nous appartiendra à tous

Manifeste Nouvel Ordre Mondial

1. Auflage

Mehmet Kılıç

E-Mail: lwn.mtp@gmx.de

Internet: www.mehmetkilic.com

Youtobe: „Le soleil nous appartiendra à tous"

Herstellung und Verlag:

BoD – Books on Demand Norderstedt

ISBN : 978-3-7534-2285-5

PRÉFACE

Le système social dominant, avec sa philosophie de l'esprit de concurrence, impose à l'être humain et à la société de posséder toujours plus, de gagner toujours plus, de devenir toujours plus puissant, afin de dominer.

Ce système place l'individu sous pression, ce qui a pour conséquence que les êtres humains se combattent sans répit de toute force, car chacun souhaite en sortir vainqueur.

Lors de cette bataille d'extrême intensité, nous, les êtres humains, détruisons les conditions fondamentales de l'existence, le seul et unique domicile commun de tous les êtres vivants et préparons en cela la fin de la vie sur notre planète.

Avec son « Nouvel Ordre Mondial » sous le thème « Le Soleil nous appartiendra à tous », Mehmet Kiliç prend le parti de s'affranchir de toute pensée et de tout acte dont les causes et les conséquences représenteraient un danger pour la vie sur la Terre.

Afin d'assurer la vie sur la Terre et d'instituer un modèle de vie sociale respectueux de l'humain, l'auteur fait des propositions concrètes.

Ses propositions sur « la Paix dans le Monde » et « le Nouvel Ordre Mondial » renferment des changements fondamentaux, tant dans les contenus que dans la méthodologie, des idées et pensées de nombreux philosophes et savants comme John Locke, Montesquieu, Immanuel Kant,

Karl Marx, Albert Einstein, Hans Küng, Otfried Höffe, Zhao Tinyang, etc.

L'auteur entrevoit la vie sur Terre à travers le prisme de sa philosophie « Élément-Ensemble », qui s'appuie sur des principes universels comme la solidarité et l'égalité et qui étaye son manifeste du « Nouvel Ordre Mondial ».

Avec son manifeste, Mehmet Kiliç somme l'humanité de cesser toutes les formes d'action qui mettent en danger la vie sur Terre, et d'instaurer pour tous un modèle social de vie respecteux de l'être humain.

Chers lecteurs,

Le soleil nous appartiendra à tous !

La vie sur notre planète est unique et particulière. Toutes les plantes, tous les animaux et tous les humains sont dignes d'amour, de respect et aussi de protection. Particulièrement, la Mère « Nature », l'air, l'eau et la terre, est à protéger.

Hélas, il est très alarmant de constater comment nous nous y prenons !

Nous avons déjà bien entamé la branche verte sur laquelle nous sommes tous installés. Si nous tombons, ce ne seront pas seulement nous les sept milliards d'humains, mais aussi avec nous nos chats et nos roses qui disparaîtront.

Si, d'une part nous continuons à nous combattre les uns les autres, et d'autre part nous scions la branche sur laquelle nous sommes assis, alors nous connaîtrons notre dernier souffle au milieu de cris encore jamais vécus, comme l'ultime sacrifice à l'insensé et à la folie, sans seulement pouvoir entrer dans l'Histoire.

En tant que « père fondateur » et président de l'association « Hand in Hand e.V. Bad Kreuznach », je m'implique depuis des années pour une vie digne de l'humanité dans le monde. Mes longues réflexions politico-philosophiques sur le thème de la paix dans le monde sont résumées dans ce manifeste, « le Nouvel Ordre du Monde », que je souhaite présenter au grand public.

Si vous aussi, vous vous faites du souci quant à la vie sur notre Terre et cherchez une solution, mon manifeste pourra vous intéresser.

MON PROBLÈME

L'avenir de la vie sur notre planète est pour moi une préoccupation majeure.

Causes

- La paix et la sécurité disparaissent tant pour les individus que pour les sociétés, et ce au niveau mondial.
- Les conditions d'existence de tous les êtres vivants sont en voie de destruction.

Origines de cet état

- L'ordre mondial actuel force humains et sociétés à la compétition ; à gagner, à devenir toujours plus riche, plus fort, à vaincre toujours plus, afin de dominer.
- Cette convoitise est si animée que des conséquences dramatiques en résultent, des guerres incessantes, l'exploitation, la misère et tout autre effet douloureux. C'est de la FOLIE !
- Par ailleurs, le système définit rigoureusement les conditions d'existence de tous les êtres vivant à l'intérieur d'un même espace, et en cela détruit flore et faune. Ainsi le système programme la « FIN INEXORABLE » de la vie sur la Terre !

En outre, je constate que :

1. Le système social dominant est en totale contradiction avec le bon-sens humain.
2. On ne peut pas attendre de l´état d´esprit qui consiste à transformer l´énergie humaine sous forme de travail et d´effort en argent, profit et puissance, qu´il vienne assurer le bonheur de l´humanité.
3. De cette même mentalité on ne peut non plus attendre qu´elle s´oppose à l´exploitation de l´espace commun de l´humanité, qu´elle arrête la destruction des conditions d´existence et qu´elle se porte garant d´une vie durable sur notre planète.
4. L´humanité est malheureuse ! Le danger est anxiogène ! La FOLIE est de jour en jour plus démente ! La FIN INEXORABLE se rapproche à grande vitesse ! Il n´y a plus de temps à perdre !
5. Aucun individu, aucune nation, aucun état n´est seul responsable de cette situation. La responsabilité en revient à l´ordre mondial dominant.
6. Personne n´a le droit de fermer les yeux face à cette FIN INEXORABLE !
7. Seule l´Humanité elle-même est capable d´arrêter la FOLIE et d´empêcher la FIN INEXORABLE

RÉSULTAT

L'ordre mondial actuel ne peut plus se perpétuer de la sorte. Il est devenu un problème pour l'humanité, un problème qui doit être impérativement et au plus vite résolu.

PROPOSITION DE SOLUTION

Afin de résoudre ce problème, je propose la constitution d'un nouvel ordre mondial.

LE NOUVEL ORDRE MONDIAL

Le nouvel ordre mondial se fixera pour but d'assurer de façon le bonheur à l'humanité.

2° PARTIE

Question n° 1 :

A QUOI RESSEMBLERA
LE NOUVEL ORDRE MONDIAL ?

Le nouvel ordre mondial repose sur trois piliers qui se nourrissent, se fortifient et s'assurent mutuellement :

Pilier n°1 : la philosophie « élément-ensemble »
Pilier n°2 : le système d'éducation et de formation
Pilier n°3 : les règles de vie fondamentales pour le monde

À présent, voyons chaque pilier l'un après l'autre :

Pilier n° 1

LA PHILOSOPHIE ÉLÉMENT-ENSEMBLE

Afin d'illustrer la philosophie « élément-ensemble », je vais vous inviter à un court voyage par la pensée. Fermez les yeux, je vous prie, et imaginez :

L'UNIVERS et ÉLÉMENT-ENSEMBLE

- L'univers sans fin, avec ses innombrables étoiles, groupes d'étoiles et galaxies qui en elles-mêmes forment des éléments particuliers et des ensembles distincts, constitue un « élément-ensemble ».

- La Voie Lactée représente en tant que partie inséparable de l'Univers un « élément-ensemble ».
- Le système solaire, comme partie inséparable et indispensable de la Voie Lactée, est un « élément-ensemble ».
- La Terre comme partie inséparable du système solaire est un « élément-ensemble »
- Le monde vivant est partie inséparable de la Terre et aussi « élément-ensemble ».
- L'humanité comme partie inséparable du monde vivant est un « élément-ensemble »

L'INDIVIDU ET L'ÉLÉMENT-ENSEMBLE

- L'individu, que nous nommons « être humain », incarne de tout son être un élément-ensemble et est une partie indispensable de l'humanité. Le corps humain est constitué d'organes qui eux-mêmes sont constitués de parties et d'innombrables cellules.
- Chaque organe, chaque partie et chaque cellule forme un « élément-ensemble » particulier.
- Chaque organe possède sa propre structure, sa propre forme, sa propre fonction, et pourtant il ne peut fonctionner indépendamment des autres.

- Si un organe manque ou ne peut remplir sa fonction, l´élément corporel s´en trouve mutilé et la notion d´ensemble n´est pas véritable.
- Si un organe est retiré de l´ensemble corporel, cela conduit à sa mort, de même qu´une cellule meurt quand elle est extraite d´un organe.
- Un être humain ne peut fonctionner et vivre sa vie d´individu que si tous ses organes remplissent harmonieusement leurs fonctions.

Une image pour une meilleure compréhension :
Pierre est assis dans la cuisine. Soudain, il perçoit une odeur par ses narines. Il constate qu´il s´agit d´une odeur de brûlé. Il se tourne vers le fourneau. Que voit-il ? Sur la plaque s´est embrasé un morceau de journal. Aussitôt, Pierre saute sur ses jambes, se précipite vers le fourneau et éteint les flammes.

- L´organe qui a senti l´odeur est le nez de Pierre.
- L´organe qui voit les flammes n´est pas l´estomac de Pierre ; ce sont ses yeux.
- Les organes qui le portent vers le fourneau ne sont pas ses mains, mais ses pieds.

Que serait-il advenu
- si le nez de Pierre n´avait pas été en capacité de sentir ?

- si les yeux de Pierre n´avaient pas été en capacité de voir l´incendie ?
- si les mains de Pierre n´avaient pas été en capacité d´éteindre l´incendie ?

Conclusion :
Un corps constitue avec tous ses organes un « élément-ensemble » et il remplit sa fonction grâce à tous ses organes qui agissent en commun et en harmonie.

Pensez-vous que nous pourrions transférer cette conclusion à la vie sociale ?

SOCIÉTÉ ET ÉLÉMENT-ENSEMBLE

La vie sociale commence dès qu´au moins deux personnes se rencontrent à cause d´une chose qui sur le moment les relient.

Comme exemple, prenons une jeune femme et un jeune homme qui sont très attirés l´un par l´autre. Ils prennent la décision de mener une vie commune.

- Dès leur prise de décision, chacun sait qui, dans quel milieu de vie, endossera tel ou tel autre rôle.
- Dans d´autres cadres de vie, avec le temps qui passe, se définit qui s´occupe de ce qui est prioritaire.

- Dans les domaines où la femme est plus compétente, l'homme adopte une position d'assistant.
- Dans les domaines où l'homme est plus fort, la femme le secondera.

Conclusion :
Ce jeune couple pourrait représenter le plus petit modèle social de l'élément-ensemble. Ces deux personnes pourraient construire et mener une vie commune en harmonieuse coopération.

Un autre exemple :
Une famille souhaite se construire une maison. Est-ce que cette famille est capable de bâtir des fondations jusqu'au toit cette maison, sans aide extérieure ?

Lors de la construction d'une maison, il est fait appel à un grand nombre de personnes issues de corporations différentes, comme les architectes, les maçons, les couvreurs etc.

Les personnes venues de ces corporations s'unissent et forment un élément-ensemble. Les membres de cet élément-ensemble agissent ensemble et construisent la maison.

La façon d'agir de l'équipe de construction pourrait être transférer à tous les domaines, tous les secteurs de la vie sociale.

HUMANITÉ ET ÉLÉMENT-ENSEMBLE

- L'individu est constitué d'organes et forme un élément-ensemble.
- Les organes sociaux sont constitués d'individus particuliers et forment un élément-ensemble.
- Les sociétés sont constituées d'organes sociaux et forment également un élément-ensemble.
- L'humanité tout entière est constituée de sociétés et forme une entité « élément-ensemble ».

L'humanité constitue un élément-ensemble tout comme l'univers avec ses innombrables étoiles, groupes d'étoiles et galaxies.

L'humanité représente un élément-ensemble, tout comme l'individu « être humain », par exemple Pierre, qui est formé d'organes, eux-mêmes formés de parties et d'innombrables cellules.

L'humanité est également un élément-ensemble tout comme un organe social, par exemple la construction qui comporte des individus aux capacités et aux compétences différentes, tels les architectes, les maçons, les couvreurs, etc.

Maintenant en résumé :

CONCLUSION POUR L´INDIVIDU

Chaque individu, chaque être humain, qui a parfaitement intégré la philosophie « élément-ensemble » découvre une voie qui le conduit en lui-même.

Sur le chemin vers l´intérieur,

1. il découvrira et appréciera les indescriptibles beautés et richesses de son monde intérieur,
2. il ressentira de façon plus en plus pressante sa propre valeur et sa propre importance.

Il commencera

- à ne plus se comparer aux autres humains, et à s´accepter tel qu´il est,
- à se respecter lui-même et à s´aimer davantage,
- à faire rayonner la beauté de son monde intérieur et sa joie de vivre vers l´extérieur,
- à percevoir les autres humains, venir à leur rencontre et les traiter comme s´ils étaient d´autres « lui-même »,
- à placer sur un vrai socle sain et stable son respect de la « Mère Nature ».

C´est ainsi que sera tout individu qui aura intériorisé la philosophie « élément-ensemble ». Il trouvera le vrai MOI, le SOI-MÊME, et comprendra le sens de la vie universelle.

CONCLUSION POUR LA SOCIÉTÉ

Avec l'intériorisation de la philosophie « élément-ensemble » commence un processus de transformation de la personnalité de l'individu ! Un processus qui se fera ressentir rapidement dans la vie sociale de l'humanité toute entière.

Il en découlera que :

- les êtres humains ne mesureront plus leurs valeurs d'après leurs différentes capacités et compétences, ou d'après leur statut.
- ils ne considéreront personne plus précieux ou moins valeureux qu'eux-mêmes.
- Ils ne considéreront plus leur travail comme plus ou moins précieux que celui des autres.
- Les êtres humains reconnaîtront que tous les groupes, communautés, sociétés et l'humanité elle-même ne forment qu'un élément-ensemble.

CONCLUSION POUR L'HUMANITÉ

- Nous pouvons transférer la façon d'agir d'un individu, à l'exemple de Pierre, à celle d'un organe social, à l'exemple de la construction.
- Nous pouvons appliquer la façon d'agir d'un organe social (la construction par ex.) à toute une société, par exemple à l'Allemagne.

- Nous pouvons appliquer la façon d´agir d´une société (par ex. l´Allemagne) à l´ensemble de la société humaine, et en particulier à la « structure de l´Humanité ».

Les principes et valeurs essentiels de l´ « élément-ensemble » :

1. La solidarité

   Nous allons ensemble, comme les organes du corps humain, le personnel d´hôpital,

   l´équipage d´un avion, les employés d´une usine…

2. L´équivalence

Nous sommes tous égaux ;

- Non remise en cause de l´égalité entre tous les êtres humains
- Non remise en cause de l´équivalence de la fonction et du travail.

Et pour procéder à une synthèse de « solidarité » et d´ « équivalence », je proclame :

Nous tous sommes là pour nous tous !

Puisque tous les individus qui composent les organes sociaux, les sociétés et l´humanité toute entière intérioriseront les fondements de la philosophie « élément-ensemble », ils organiseront et mèneront leur vie selon l´esprit de cette philosophie : Nous sommes tous là pour nous tous!

C´est pour cela que les êtres humains mettront totalement au service

- leur bon-sens commun
- leur savoir commun et
- leur conscience commune dans tous les domaines de leur vie personnelle et sociale afin de conforter la vie sur notre planète, son propre bonheur et le bonheur de l´humanité.

3° PARTIE

Pilier n°2

LE SYSTÈME
D´ÉDUCATION ET DE FORMATION

Le but est d´éduquer et de former les individus des nouvelles générations qui mèneront et organiseront leur vie personnelle et sociale selon la philosophie de l´ «élément-ensemble».

Afin d´atteindre ce but, il conviendra de créer une mobilisation durable pour un nouvel ordre mondial, que l´on nommera « épanouissement du berceau jusqu´à la tombe ».

A présent, je vais essayer de vous présenter l´épanouissement du berceau jusqu´à la tombe.

ÉLARGISSEMENT DES CONDITIONS-CADRES

La Terre entière est pourvue de conditions-cadres qui justifient les changements vers un nouveau système d´éducation et de formation, vers un nouvel ordre mondial.

De plus, à l´échelle mondiale, des « Centres de vie éducatifs et de formation » seront créés, ayant pour but :

- la démonstration du développement et de la gestion d´une vie naturelle,

- l'utilisation raisonnée des richesses naturelles de la Terre,
- l'élimination des causes d'exode et de déplacement massif...

FORMATION DES MAÎTRES

Les candidats-enseignants doivent posséder les qualités requises pour cette fonction et être réellement motivés.

Au cours de la formation seront développées les qualités les plus intenses de tous les candidats de sorte qu'ils puissent disposer de compétences stables et diversifiées.

Une formation pédagogique adaptée aux matières enseignées et aux tranches d'âge des apprenants leur sera transmise.

CONTENU

1. TRANSMISSION
DE LA PHILOSOPHIE « ÉLÉMENT-ENSEMBLE »

Comme le lait maternel, les valeurs les plus fines de la nouvelle philosophie de vie seront données à chaque bébé, dès le berceau.

A l'école, les enfants apprendront à s'approprier et à vivre au quotidien la philosophie « élément-ensemble ».

2. ENCOURAGEMENT DES DONS PERSONNELS

Toutes les qualités naturelles de chaque enfant seront au plus tôt recherchées, découvertes et pourvues des meilleures compétences.

L'enfant sera alors capable d'utiliser, dans sa vie privée comme sociale, l'ensemble de ses capacités.

3. FORMATION DE LA PERSONNALITÉ

- L'enfant sera accompagné et suivi avec attention, soin et sensibilité,
- Il apprendra lui-même à connaître son monde intérieur, à s'aimer et s'apprécier lui-même,
- L'enfant respectera les autres personnes et apprendra à les aimer et à les protéger comme si elles étaient lui-même,
- Il fera l'apprentissage de transférer ses valeurs personnelles au niveau de la société.

4. PRÉPARATION À LA VIE PRIVÉE ET SOCIALE

- Les jeunes seront préparés avec précision, suivant en cela la philosophie « élément-ensemble », tant pour leur vie privée que pour leur vie sociale.

- Ils seront élevés et formés pour avoir une personnalité saine, pourvue de capacités développées de façon optimale.
- Ils ne seront pas formés en vue d´en faire des spécialistes de métiers déjà existants, mais en vue de leur forger une personnalité stable dotée d´un haut sens des responsabilités.
- Ils seront rendus aptes à mener avec succès et joie leur propre vie, et à collaborer de façon constructive, créative et active à la vie sociale.

Pilier n° 3

RÈGLES FONDAMENTALES
DE VIE à l´échelle MONDIALE

Les règles fondamentales de vie à l´échelle mondiale sont à considérer comme la Constitution d´un État-Monde. Mais, puisqu´auparavant cette constitution doit être rédigée par le Parlement Constituant et ratifiée par les représentants du Peuple du Monde, je ne ferai pour l´instant aucun commentaire.

PARTIE n° 4

Question n° 2 :

COMMENT METTRE EN ŒUVRE
LE NOUVEL ORDRE MONDIAL ?

L'ÉTAT-MONDE

Afin de mettre en œuvre le nouvel ordre mondial l'humanité a besoin d'une organisation forte, stable et digne de confiance. Ce sera l' « État-Monde ».

Question n° 3 :

À QUOI RESSEMBLERA L'ÉTAT-MONDE ?

A) LA PHILOSOPHIE D'ORGANISATION
DE L'ÉTAT-MONDE

Tout comme un corps humain en bonne santé ne fonctionne pas en opposition avec ses propres organes et cellules, l'humanité n'existe que par tous ses êtres humains. C'est ce qui présidera lors de l'organisation de l'Etat-Monde, c'est-à-dire la synthèse des valeurs et principes de la philosophie « élément-ensemble » : **Tous pour tous** !

DÉMOCRATIE ET SON FONCTIONNEMENT

La démocratie sera réformée, optimisée :

Les idées, les pensées et les actions qui conduisent à
- la destruction de la Mère Nature,
- la mise en danger de la vie humaine,
- un non-respect de la dignité humaine,

ne trouveront pas de place dans le nouveau sens de la démocratie.

Toutes les idées, pensées, façons de se comporter et activités qui
- sont en harmonie avec la Mère Nature, avec l'existence de tous les êtres vivants et particulièrement avec la santé et la dignité des êtres humains,
- seront acceptées par le bon-sens partagé et la conscience commune des humains, et validées par le sens commun des responsabilités,

compteront parmi les libertés démocratiques naturelles illimitées.

PARTAGE DE LA RESPONSABILITÉ

Le principe de séparation des pouvoirs perd sa place au profit du principe de partage de la responsabilité.

Pour quelles raisons ?

1. En raison de la conscience stable des responsabilités de chaque individu, les notions d'influence, de critique ou de contrôle extérieur deviennent superflues.

2. Chacun accomplira son devoir au service de la communauté avec responsabilité, comme il le ferait dans sa propre vie personnelle et sociale.

LES ÉLECTIONS

Tous les domaines vitaux des circonscriptions seront redéfinis et bien arrêtés.

Les « domaines vitaux » sont les secteurs dans lesquels les êtres humains gagnent principalement leur vie, comme par exemple l'agriculture, le travail en usine, l'activité culturelle, etc.

ÉLIGIBILITÉ ET TRANSPARENCE

Chacun acquiert l'éligibilité s'il peut prouver ses capacités à représenter un domaine vital au sein du parlement.

Les candidats seront élus par les électeurs directement dans une commission qui représentera chaque domaine vital au parlement.

De la sorte, il sera toujours possible pour l'électeur de distinguer qui et pour quelle cause il a voté, et pour l'élu, par qui et pour quel mandat il a été élu.

LE RENOUVELLEMENT FLEXIBLE

Le principe de renouvellement flexible des élus, qui leur permet un changement permanent sur leur propre initiative, assurera toujours un fonctionnement optimal et une qualité de performance de l'État-Monde.

LES PARTIS POLITIQUES

Pour deux raisons majeures, les partis politiques perdent leur raison d'être

1. Dans l'organisation de la vie sociale, il sera fait appel au bon-sens général, à la conscience collective et à la connaissance commune pour définir des buts communs.

2. Les candidats ne seront pas élus selon leur appartenance à un parti ou une organisation politique, mais à cause de leurs capacités propres.

B) STRUCTURES D'ORGANISATION DE L'ÉTAT-MONDE

L'ORGANISATION CIVILE
Le Peuple pour le Peuple

L'organisation des services « Le peuple pour le peuple » émanera du peuple, avec le peuple et pour le peuple, et sera en service gratuit pour tous les êtres humains.

Dans les centres d'information populaire, les citoyens recevront des réponses rapides, pertinentes et compréhensibles à leurs simples questions comme « qu'est –ce que… », « où est-ce que… ».

Dans les centres populaires de conseil, les citoyens ayant un projet, comme celui de construire une maison, accèderont à des informations complètes et sérieuses, dispensées par des spécialistes.

Dans les centres d'accompagnement populaire, les citoyens seront pris en charge par du personnel qualifié pour la résolution de leur problème. Par exemple, si quelqu'un veut bâtir une maison, il sera accompagné depuis la conception, l'évaluation des coûts, jusqu'à la mise en valeur du jardin.

Dans ces centres de services, en plus du personnel spécifique, on trouvera des philosophes, des orienteurs et des médiateurs qui proposeront leur aide.

Les philosophes accompagneront le personnel dans tous les centres de services, afin que cs services soient conformes à la philosophie « élément-ensemble ».

Les orienteurs seront présents dans tous les centres populaires de conseil et d'accompagnement afin de veiller à ce que le service donné soit conforme aux règles du parlement.

Les médiateurs seront actifs dans les centres populaires d'accompagnement et mèneront la médiation pour offrir une solution aux oppositions sur de mêmes sujets.

L'ORGANISATION ÉTATIQUE

Les structures de l'organisation de l'État-Monde seront les suivantes :

1. des unités d'administration locale (comme aujourd'hui les administrations communales et urbaines)
2- des unités d'administration régionale (comme les Länder en Allemagne ou l'administration centrale en France)
3- des unités d'administration continentale

4- le parlement mondial des représentants du peuple.

Les unités d'administration s'occuperont des affaires qui relèvent de leur domaine de compétence et d'action.

PARTIE N° 5

Question n° 4 :

QUE FERA L´ÉTAT-MONDE ?

A) MESURES D´URGENCE

L´État-Monde procédera, en premier lieu, à des mesures d´urgence.

Mesure d´urgence n°1 :

Arrêter « LA FOLIE » !
Empêcher « LA FIN INEXORABLE » !

Pour cela, il convient de
- stopper la destruction de la nature,
- dissoudre toutes les installations militaires, détruire toutes les armes et arrêter toutes les guerres,
- nourrir tous les affamés,
- fournir un toit à tous les sans-abris,
- arrêter le commerce humain et sexuel,
- ...

Mesure d´urgence n°2

MISE EN PLACE DES INFRASTRUCTURES

Toutes les infrastructures dans tous les domaines de vie à travers le monde entier seront réformées suivant les valeurs et principes de la philosophie « élément-ensemble ».

Mesure d´urgence n°3

ASSURER LA VIE SUR TERRE

Afin d´assurer la vie sur la Terre, conjointement avec ses citoyens, l´État-Monde décidera :

- l´arrêt définitif de la destruction de la Mère Nature
- l´élimination des causes de la pauvreté et de ses conséquences, en accordant un « minimum vital ».

B) MISE EN PLACE DU NOUVEL ORDRE MONDIAL

Dans un second temps, avec la collaboration de ses citoyens, l´État-Monde mettra en place le nouvel ordre mondial.

Tous les domaines de vie dans le monde entier seront réécrits et réformés à l´éclairage de trois phares :

- la philosophie « élément-ensemble »,
- le nouveau système d'éducation et de formation, et
- les règles fondamentales de vie dans le monde.

Au cours de la période de transition entre l'ancien et le nouveau système, il conviendra de faire preuve de :
1. ménagement, empathie et égards envers l'Autre et les valeurs persistantes, d'une part,
2. fermeté et détermination lors de la mise en place du nouvel ordre mondial, d'autre part.

RÉFORME D'AUTRES DOMAINES DE VIE

Quelques exemples :

I. RÉFORME DU SYSTÈME JURIDIQUE

Le système juridique devra être réformé pour les raisons suivantes :

1. L'incompatibilité des lois nationales avec la raison universelle et le caractère irréalisable de ces lois sont démontrés dans la réalité,
2. Personne, ni le particulier, ni la société, ni encore l'état ne sera privilégié,

3. Le nouveau système n´engendrera ni culpabilité ni malfaiteurs,
4. Les causes de l´injustice disparaîtront d´elles-mêmes,
5. La possibilité d´être traité injustement ainsi que la nécessité de se défendre disparaîtront d´elles-mêmes,
6. Le nouveau regard sur le monde renfermera en lui le droit universel en tant que acquisition de l´humanité pour l´éternité.

DES RÈGLES À LA PLACE DES LOIS

La vie ensemble dans le nouveau monde ne sera plus ordonnée par des lois, mais par des règles !

Les parlements n´adopteront plus de lois, puisqu´en cas de non-respect, il faudrait faire appel à de nouvelles lois de sanction.

Ils développeront des « règles fondamentales » qui résultent des besoins naturels humains et sont respectées par le particulier, la société et l´état.

Ces « règles fondamentales » à fonction-clé seront
- maintenues dans un nombre le plus faible possible,
- formulées en phrases simples possédant toujours comme sujet « JE », et

- proposées à l'apprentissage tant dans la langue mondiale que les langues maternelles de tous les citoyens.

Au cas où le respect des règles est mis en danger lors d'une activité planifiée, par exemple la construction d'une maison, il sera alors fait appel à la règle : « Le peuple pour le peuple ».

SITUATIONS D'HÉSITATION

Dans les situations d'hésitation, il sera fait appel aux orienteurs et médiateurs qui sont actifs dans les centres d'accompagnement populaire.

II. DISSOLUTION DE L'INSTITUTION MILITAIRE

Les raisons d'exister de l'appareil militaire disparaîtront d'elles-mêmes car les missions jusque-là accomplies n'existeront plus, par exemple :

- la prise par la force de territoires, sources et valeurs appartenant à d'autres,
- la défense d'un pays, d'un peuple contre les agressions des autres, etc.

III. LA DISSOLUTION
DE L'ORGANISATION POLICIÈRE

La nécessité de l'existence de la police n'existera plus car, du fait de l'abolition de la justice et de la mise en place « Le peuple pour le peuple », les devoirs de protection et de surveillance de la police seront superflus.

IV. DISSOLUTION DES SERVICES SECRETS

Puisque les causes qui conduisent les individus et les sociétés à la « folie » n'existeront plus, la collecte d'informations secrètes sur l'autre se révélera dénuée de sens.

En conséquence, les organisations de services secrets seront supprimées.

V. SUPPRESSION
DES FRONTIÈRES NATIONALES

Sachant que :
- la partition artificielle de la Mère Nature est dénuée de sens,
- les êtres vivants appartiennent à la Terre, et non le contraire,

les frontières entre les pays seront levées.

PARTIE N° 6

Question n° 5 :

COMMENT SERA CRÉÉ l´ÉTAT-MONDE ?

Groupes d'initiative

- Aussitôt que les gens reconnaîtront que le système social dominant ne peut plus durer, qu´il est nécessaire et urgent d´agir, des groupes d´initiatives seront formés partout.
- Dans ces groupes d´initiatives, les gens intègreront scrupuleusement la philosophie « élément-ensemble ».
- Ils s´approprient mon manifeste « Nouvel Ordre Mondial », s´informent mutuellement et en discutent.
- Les groupes d´initiatives s´organisent à l´échelle mondiale, se mettent en réseaux.
- Ils démarrent une campagne mondiale d´information, au cours de laquelle ils informent les gens : -
  - ➤ du caractère insupportable de la folie et des dimensions des dangers, ainsi que
  - ➤ du manifeste « Nouvel Ordre Mondial ».
- Dès que la campagne de sensibilisation a atteint son but, les groupes d´initiatives appellent la

communauté mondiale à former un parlement constituant d'un État-Monde.

PARLEMENT CONSTITUANT

- Suite à l'appel des groupes d'initiatives, des élections de représentants en vue de composer un parlement constituant seront organisées dans les états nationaux.
- Le parlement constituant
    - prend son service en un lieu adéquat du monde,
    - élabore les règles fondamentales de vie à l'échelle du monde,
    - mène une campagne mondiale d'explication sur ces règles fondamentales
    - et finalement, enquête auprès de la population sur ce thème.
- Le parlement constituant invite les états du monde à créer un parlement mondial des représentants du peuple, dès que la campagne d'explication et l'enquête auprès de la population ont atteint leurs buts.

PARLEMENT MONDIAL
DES REPRÉSENTANTS DU PEUPLE

- A l'initiative du parlement constituant, les gens dans leur pays élisent leurs représentants au parlement mondial du peuple.
- Le parlement mondial des représentants du peuple
  - ➢ prend ses fonctions,
  - ➢ vote les règles fondamentales de vie à l'échelle mondiale
  - ➢ élit le président de l'État-Monde.
- La population mondiale fête la création de l'État-Monde.

Chers lecteurs,

Nos séances organisées autour de mon manifeste « Nouvel Ordre Mondial » sont terminées.

Je vous ai soumis brièvement mes craintes pour la vie unique et sans pareil sur notre planète, ainsi que mes propositions de solutions aux problèmes de l´humanité.

J´espère que vous avez nettement ressenti l´urgence qu´il y a d´agir, et la possibilité de transposer mon manifeste. C´est ce que j´espère de tout cœur.

La situation est sérieuse !
Nous n´avons pas de temps à perdre !
Nous sommes à la croisée des chemins !
Il est temps de prendre une décision historique !

Nous devons commencer !
Nous devons nous associer !
Nous devons mettre fin à la Folie, arrêter le grand danger, empêcher l´inexorable fin !

En première ligne, il est fait appel à ceux qui s´aiment, à ceux qui aiment les roses, les œillets, les tulipes, à ceux qui aiment les chats, les chiens et les colombes !

En première ligne, il est fait appel à ceux qui respectent et apprécient la Mère Nature, les gens et l´humanité !

Et personnellement, je me dois de mettre tout mon pouvoir et toutes mes forces au service de cette urgence !

Je nous souhaite à tous beaucoup de succès !
Je vous remercie très cordialement !
Le soleil nous appartiendra à nous tous !
Au revoir !